Zuckerfrei Backbuch

Die leckersten Backrezepte zum Backen ohne Zucker für jeden Anlass - inkl. vegane Rezepte & Grundrezepten

Mirella Bertram

Vorwort

Zuckerfreie Ernährung wird immer wichtiger. Man möchte sich gesund ernähren und zudem Krankheiten vorbeugen. Verzichtet man auf übermäßigen Zuckergenuss, so macht das Herz einen großen Freudensprung. Zucker sorgt dafür, dass der Körper eine Menge Insulin produziert. Das Nervensystem wird aktiviert, was ja eigentlich nicht schlecht ist, jedoch erhöhen sich auch der Blutdruck und die Herzfrequenz. Dieser Vorgang ist jedoch nicht so empfehlenswert, denn dauerhaft können Schäden entstehen. Verzichtet man auf Zucker, so stellt sich bereits nach einigen Wochen ein besserer Gesundheitszustand ein.

Zucker hat viele negative Wirkungen auf unseren Körper. Jedoch muss man zwischen zwei Arten von Zucker unterscheiden: Der gebräuchliche Haushaltszucker ist für den Körper gar nicht gut. Der Zucker, den wir in Obst vorfinden, ist für unseren Körper hingegen wichtig und unverzichtbar. Wer zu viel Zucker konsumiert, der beschleunigt die Fetteinlagerung und der Blutzuckerspiegel steigt an. Ebenso erhöht Zucker das Diabetesrisiko und kann sogar die Leber zerstören. Des Weiteren konnten Forscher sogar an Tierversuchen zeigen, dass ein zu hoher Zuckerkonsum das Krebsrisiko erhöht.

Jetzt aufgepasst! Forscher haben den Konsum von Zucker genaustens belegen können. Jemand, der häufig Zucker zu sich nimmt und das in hohem Maße, der wird von diesem abhängig. Vergleichbar ist dies mit einem Drogenabhängigen. Kaum einer glaubt dies, doch Ernährungswissenschaftler können dies belegen. Wer plötzlich auf Zucker verzichtet, der hat ständig schlechte Laune, leidet unter Angstzuständen und Gefühlsschwankungen. Bei schwerem Entzug kann es sogar zu Depressionen kommen.

Wer langfristig auf Zucker verzichtet, ist jedoch den ganzen Tag ausgeglichen. Die sonst oftmals nachmittags eintretende Müdigkeit bleibt aus. Am Abend kann man zudem wesentlich einfacher einschlafen und leidet unter keinerlei Schlafstörungen, wie es sonst oftmals der Fall bei hohem Zuckerkonsum ist.

Ausgeglichen, entspannt und mit viel Lebensfreude kann man einen jeden neuen Tag starten, wenn man auf Zucker verzichtet. Es gibt viele leckere Rezepte, die selbst Zucker-Junkies reizvoll finden und sich von diesen begeistern lassen. Einfach mal ausprobieren und etwas Neues kennenlernen. Seien Sie offen für neue Ideen und denken Sie an Ihre Gesundheit. In diesem Buch finden Sie einige leckere Köstlichkeiten, selbstverständlich zuckerfrei. Ebenso sind Rezepte für Veganer enthalten und auch Diabetiker kommen voll und ganz auf ihre Kosten. Ein Rezeptbuch, welches für jeden Geschmack etwas beinhaltet und Ihnen viele neue Leckereien vorstellt, sowie einige gesundheitliche Tipps beinhaltet. Genießen Sie Süßspeisen in Zukunft, ohne ein schlechtes Gewissen haben zu müssen.

🍳 INHALT

1 Zuckerfreie Ernährung   1

1.1 Schlechter Zucker 3

1.2 Künstliche Süßstoffe 6

1.3 Gesunde Zuckeralternativen   8

1.4 Zuckeralternativen und Zuckeralkohole19

1.5 Backen mit Xylit und Erythrit 21

1.6 Rund ums gesunde Backen   22

*1.7 Was unterscheidet dieses von anderen E-Books?
27*

2. 88 leckere Backrezepte   30

*2.1 Zuckerfreie Rezepte, die jeden Gaumen erfreuen
30*

2.1.1 Karottenbrot mit Dinkel (vegan) 31

2.1.2 Waffeln mit Heidelbeerquark   33

2.1.3 Grundrezept für Eiweißbrot 35

2.1.4 Nusskuchen mit Bananen   37

2.1.5 Fruity Muffins (vegan) 39

2.1.6 Muffins einmal anders (vegan)   41

2.1.7 Bananen Pancakes ohne Mehl   43

2.1.8 Quark-Torte mit Obst (vegan)   45

1.1.1 Bananen-Pancakes (vegan)   47

2.1.9 Süße Chia-Brötchen mit Quark   49

2.1.10 Chia-Cracker für den Genießer 51

2.1.11 Apfelkuchen (kalorienarm) 53

2.1.12 Cranberry-Sesam-Kugeln 55

2.1.13 Käsekuchen aus Magerquark (kalorienarm) 56

2.1.14 Apfel-Zimt-Quarkkuchen mit Mandarinen 57

2.1.15 Goji-Vanille-Kugeln 59

2.1.16 Bananen-Ei-Pancakes 60

2.1.17 Joghurt-Haferflocken-Cups (vegan) 61

2.1.18 Zuckerfreie Low-Carb-Walnuss-Himbeer-Muffins 63

2.1.19 Schokotrüffel ohne Zucker (vegan) 65

2.1.20 Mandel-Feigen-Tarte 67

2.1.21 Maulwurfkuchen (kalorienarm) 69

3.1.1 Saftiger Oster-Rüblikuchen vom Blech (zuckerfrei)71

3.1.2 Zucchini-Vanille-Waffeln 73

3.1.3 Zucchini-Waffeln mal anders 74

3.1.4 Süßkartoffeln Waffeln mit Kräuterquark 75

3.1.5 Waffeln mit Kräuterquark und Süßkartoffeln 77

3.1.6 Herzhafte Frühstücksbrötchen 79

3.1.7 Frühstücksbrötchen einfach 81

3.1.8 Mini-Egg-Muffins83

3.1.9 Muffins mal anders 84

3.1.10 Brokkoli-Waffeln 85

3.1.11 Waffeln, ein Weihnachtszauber 87

3.1.12 Hüttenkäse-Pancakes 89

3.1.13 Pancakes mit Datteln 90

3.1.14 Feigen Weihnachtskugeln 91

3.1.15 Ischler Törtchen92

3.1.16 Hefezopf 95

3.1.17 Schneller Rührkuchen 97

3.1.18 Zitronen-Blaubeer-Tassenkuchen 98

3.1.19 Käsekuchen ohne Boden 100

4 Schlusswort 102

1 Zuckerfreie Ernährung

Dieses Buch hat sich zur Aufgabe gemacht, Ihnen das zuckerfreie Kochen zu erleichtern. Industrieller Zucker ist auf Dauer gesundheitsschädigend, doch es gibt zahlreiche Alternativen, sodass Sie auf die süße Versuchung nicht ganz verzichten müssen. Es ist ganz einfach, mit den Zucker-Alternativen zu kochen. Sie können die leckersten Rezepte für sich entdecken und das ganz ohne, dass Sie ein schlechtes Gewissen haben müssten. Es gibt zahlreiche alternative Süßungsmittel, wie normales zuckerfreies Eiweißpulver, Vanille- oder Lupinenpulver. Es heißt doch immer, dass Traubenzucker einem besonders viel Energie schenkt und das Fruchtzucker nicht schädlich ist. Ebenso heißt es, dass Honig eine gute Alternative zu Zucker sei, da dieser nicht schadet. Was ist an diesen Aussagen richtig und was falsch? Welcher Zucker ist nun schlecht für uns und welchen können wir bedenkenlos zu uns nehmen? Wir sind diesen Fragen auf den Grund gegangen.

In den meisten klassischen Rezepten befindet sich Zucker, ebenso wie in vielen Lebensmitteln. Oftmals kann man dem Zucker gar nicht entkommen. Wer selbst Kuchen oder Plätzchen backen möchte, gerade in der Weihnachtszeit, der hat seinen Zuckerkonsum selbst in der Hand. Zucker kann schnell zur Kalorienbombe werden und sogar süchtig machen.

Es wird empfohlen, nicht mehr als 25 g Zucker täglich zu sich zu nehmen, doch das ist schwerer als man denkt. Alleine ein Muffin enthält bereits 25 g Zucker, manchmal sogar noch wesentlich mehr. Mal eben ein Stück Fleisch gegessen oder ein Brot mit einer Scheibe Wurst und man hat bereits die doppelte Menge an Zucker verzehrt. Sie haben richtig gelesen: In Fleisch und Wurst ist ebenfalls viel Zucker enthalten.

Wer langfristig viel Zucker zu sich nimmt, darf sich über gesundheitliche Probleme oder Übergewicht nicht wundern. Krankheiten werden durch übermäßigen Zuckergenuss gerne begünstigt und die Zähne nehmen langfristig Schaden. Zucker ist in keiner Hinsicht gesund.

Süße Lebensmittel, egal, ob Bonbons, Schokolade oder Gebäck lieben wir einfach und das liegt in erster Linie am Zucker. Wir möchten auf diese Leckereien keinesfalls verzichten. Wer gerne backt, der kann mit alternativem Zucker den Zuckerkonsum reduzieren.

Sie sollten jedoch wissen: Wenn Sie zu Zuckeralternativen greifen, dann müssen Sie die Zuckerangaben in Rezepten mit Haushaltszucker reduzieren. Zuckeralternativen sind oftmals süßer. Beim Backen können Zuckeralternativen zudem den Geschmack ändern, da diese nicht die gleiche Süße haben wie es bei Haushalszucker der Fall ist.

1.1 SCHLECHTER ZUCKER

Schlechter Zucker hat, wie das Wort schon sagt, schlechte Eigenschaften, auch wenn dieser so lecker ist. Doch welcher Zucker ist für unseren Körper eigentlich schlecht?

Bei diesem Zucker handelt es sich um ganz normalen Haushaltszucker, wie ein jeder ihn schon verwendet hat. Er wird auch gerne als Kristallzucker betitelt oder ganz einfach nur als Zucker. Zahlreiche Süßspeisen erhalten durch diesen ihre Süße. Gerne wendet man ihn im Kaffee an oder einige Menschen gönnen sich einfach mal so einen Löffel mit Zucker. Purer Haushaltszucker ist ein Kohlenhydrat und Disaccharid. Saccharose wird auch gerne als Rohrzucker, Raffinadezucker oder Rübenzucker bezeichnet. Ebenso spricht man oftmals von raffiniertem Zucker oder braunem Zucker, sowie Malzzucker oder Vollrohrzucker.

Haushaltszucker besteht aus einem Molekül Fructose und einem Molekül Glucose. Diese sind aneinandergebunden. Dieses Kohlenhydrat verfügt über einen süßen Geschmack, was Zucker so beliebt macht. In zahlreichen Lebensmitteln finden wir Zucker vor, ob wir möchten oder nicht. Selbst in Lebensmitteln, wo der Zuckergeschmack nicht so offensichtlich ist, ist dieser enthalten. Hierbei handelt es sich um versteckten Zucker.

Die Lebensmittelindustrie verwendet Saccharose als Lebensmittelzusatzstoff. Ein übermäßiger Konsum von Nahrungsmitteln, die mit diesem Zucker versetzt sind, kann zu lebensbedrohlichen Krankheiten führen. Man kann sogar Saccharose im Supermarkt pur kaufen. Selbst in Fleisch, bei Suppen oder in Brot ist Zucker enthalten. Einen besonders großen Anteil Zuckerzusatz enthalten Limonaden und die vermeintlich gesunden Fruchtsäfte.

Ein übermäßiger Genuss von Zucker kann zahlreiche Krankheiten begünstigen. Man glaubt es kaum, aber schwere und teilweise lebensbedrohliche Komplikationen sind die Folge. Wissenschaftler haben sogar herausgefunden, dass Zucker unterstützend bei einem Herzinfarkt wirkt sowie bei einem Schlaganfall. Ebenso sind eine Lungenembolie und Krebs keine Seltenheit. Zucker ist also alles andere als harmlos, sondern kann dauerhaft ernste Folgen mit sich bringen. Ebenso kann Karies entstehen, sowie eine Adipositas und ADHS. Des Weiteren geht man heute davon aus, dass Zucker, wenn man diesen übermäßig konsumiert, unterstützend bei Diabetes mellitus wirkt und abhängig machen kann. Des Weiteren vermutet man, dass auch das metabolische Syndrom durch Zucker ausgelöst werden kann. Nicht nur die enthaltene Glucose ist für die Krankheiten verantwortlich zu machen, sondern man geht davon aus, dass der Fructose-Anteil nicht ganz unschuldig an einer schweren Erkrankung ist.

1.2 KÜNSTLICHE SÜßSTOFFE

Was hat es mit künstlichen Süßstoffen auf sich? Was sind künstliche Süßstoffe? Sind diese eine Alternative zu Haushaltszucker? Zu den künstlichen Süßstoffen zählen Aspartam, Saccharin und Cyclamat. Bei künstlichen Süßstoffen handelt es sich um nicht-natürliche Ersatzstoffe für Zucker. Dieser Zucker wird synthetisch hergestellt, also künstlich. Ein physiologischer Brennwert bleibt bei künstlichen Süßstoffen aus oder ist nur sehr gering enthalten. Die sich in diesem Süßstoff befindenden Bakterien bieten Karies keinerlei Nahrung. Der Grund liegt darin, dass diese zu keinem Zeitpunkt verstoffwechselt werden. Saccharin ist eines der bekanntesten und ältesten künstlichen Süßstoffe.

Es heißt, dass künstliche Süßstoffe kalorienarm sind und somit unterstützend beim Abnehmen wirken. Doch mittlerweile geht man davon aus, dass Zuckerersatzstoffe wie Cyclamat, Aspartam und Saccharin genau das Gegenteil bewirken sollen. Sie lösen Heißhunger aus und ein Übergewicht bleibt kaum aus.

Der gleiche Fall ist bei sogenannten Light-Produkten. Sie versprechen wenig Kalorien und man soll davon abnehmen, doch durch plötzlichen Heißhunger bewirken sie genau das Gegenteil.

Durch künstliche Süßstoffe wird die Bauspeicheldrüse dazu angeregt, dass diese Insulin ausschüttet. Der süße Geschmack von künstlichem Süßstoff wird stets mit Zucker gleichgesetzt. Ist ja auch klar, denn die Bauspeicheldrüse kennt den Unterschied zwischen Zucker und Süßstoff nicht. Süßstoff ist jedoch kein Lieferant von Blutzucker. Das Ergebnis ist, dass das Insulin vorerst ins Leere läuft. Das Insulin kann nicht abgebaut werden. Das Insulin muss sich eine Alternative suchen und greift auf den Vorratsspeicher des Blutzuckers zurück. Das Ergebnis ist, dass der Blutzuckerspiegel sinkt. Doch man merkt schnell, dass man hungrig wird. Die Antwort auf künstlichen Süßstoff ist, dass dieser am Ende den Heißhunger weckt.

1.3 GESUNDE ZUCKERALTERNATIVEN

1.3.1 Natürliche Zuckeralternativen

Wenig Zucker zu sich nehmen möchten viele Menschen, doch es fällt ihnen auch schwer, auf die Süße zu verzichten. Hier können natürliche Zuckeralternativen hilfreich sein. Die Deutschen nehmen rund 30 Kilo Zucker jährlich zu sich, was unfassbar viel ist. In den meisten Fällen ist einem dies jedoch gar nicht bewusst. Man bereitet mittags ein schönes Stück Fleisch zu, wo Zucker enthalten ist. Man macht eventuell eine Soße dazu, ebenfalls ist Zucker enthalten. So geht es tagtäglich weiter. Nicht immer nur die offensichtlich süßen Speisen sind mit Zucker versetzt. Zahlreiche andere Lebensmittel verfügen ebenfalls über Zucker. Man kann sich kaum davor schützen. Doch wer dem Haushaltszucker den Kampf ansagen möchte, der kann auf natürliche Zuckeralternativen zurückgreifen. Einige möchten wir Ihnen hier vorstellen. Sie werden schnell merken, dass diese Alternativen lecker schmecken – und sollte Ihnen eine dieser Zuckerersatzstoffe nicht zusagen, so gibt es viele andere, die Sie problemlos verwenden können. Auch Obst ist eine hervorragende

Alternative für Zucker, doch hier müssen Diabetiker genau hinschauen. Fructose im Übermaß kann für Diabetiker negative Auswirkungen haben.

1. Birkenzucker

Xucker, Xylit, Xylitol und Birkenzucker stehen alle für den gleichen Zuckerersatzstoff. Einst gewann man diesen Zuckerersatzstoff aus faserreichem Obst und Gemüse, aber auch aus Birkenrinde. Diese Art der Herstellung eines Zuckerersatzstoffes ist heute jedoch veraltet. In der Regel wird dieser Ersatzstoff aus Maisspindeln, Stroh oder Getreidekleie gewonnen.

Birkenzucker hat einige Vorteile, die man nicht außer Acht lassen sollte. Er ist gegenüber anderen Zuckeralternativen kalorienärmer. Gerne verwendet man Birkenzucker auch zur Herstellung von Zahnpasta oder Kaugummi, da dieser Zucker Karies vorbeugt. Wer unter Diabetes leidet, der sollte als erste Wahl für Zuckerersatz Xucker wählen. Dieser natürliche Zuckerersatz wird insulinunabhängig verarbeitet. Der Vorteil hier, ist dass dieser so gut wie keine Auswirkungen auf den Blutzuckerspiegel hat.

Wer nun Angst hat, dass dieser Ersatzzucker geschmacksverändernd ist oder nicht den gewünschten Erfolg mit sich bringt, der kann beruhigt werden.

Xucker ist vom Geschmack her sehr ähnlich wie Haushaltszucker. Ein kleiner Unterschied besteht jedoch, er hat eine leichte Minznote. Dennoch ist dieser Zucker perfekt geeignet zum Backen, Kochen und sogar Süßspeisen kann man sehr gut mit diesem herstellen.

Wir raten Ihnen jedoch davon ab, eine größere Menge Birkenzucker zu verzehren. Täglich sollten es hier nicht mehr als maximal 3 Teelöffel sein. Alles was darüber hinausgeht, kann zu Durchfallerkrankungen führen. Ein Nachteil ist ebenfalls vorhanden, wenn man Xucker zu sich nehmen möchte: Er eignet sich nicht zum Süßen von Getränken. Verbindet man Xucker mit Flüssigkeit, kann es zu Blähungen kommen.

2. Kokosblütenzucker

Kokosblütenzucker ist ein beliebter Zuckerersatz. Er wird aus der Kokuspalme gewonnen, genauer gesagt aus dem Nektar der Blüte. Geschmacklich kann man diesen Zucker mit Karamell vergleichen. Kokosblütenzucker ist enorm kalorienreich, denn auf 100 Gramm dieses Zuckers fallen etwa 380 Kalorien. Den ein oder anderen schreckt die hohe Kalorienzahl ab, doch man darf die positiven Eigenschaften des Kokosblütenzuckers nicht vergessen.

Der glykämische Index ist hier besonders niedrig und auch der hohe Anteil an Spurenelementen und Mineralstoffen spricht für Kokusblütenzucker. Ein besonderer Vorteil von dieser Zuckeralternative ist, dass dieser mit reichlich Zink, Kupfer, Eisen, Magnesium und Kalium versehen ist. Ebenso findet man in diesem Bor und Schwefel vor. Nicht nur den gewünschten Zuckerersatz erhält man durch Kokosblütenzucker, sondern dieser enthält auch wichtige Nährstoffe, die für unseren Körper einen großen Vorteil bieten.

Wer Bedenken haben sollte, dass dieser Zucker nach Kokos schmeckt, der kann beruhigt werden, denn der Kokosblütenzucker schmeckt in keiner Weise nach Kokos. Wo lässt sich Kokosblütenzucker am besten einsetzen? Diese Frage stellen sich viele Menschen, die auf der Suche nach einem Zuckerersatz sind. Da sich diese Zuckeralternative besonders gut in Flüssigkeiten auflöst, kann man diesen gut in Getränken verwenden. Ebenso findet er immer wieder Anwendung beim Backen. Sehr lecker schmeckt er zudem in Kombination mit Obst, wenn man jenem ein bisschen Süße hinzufügen möchte. Besonders gerne wird Kokosblütenzucker von Diabetikern verwendet, da er den Blutzucker nicht erhöht und daher unbedenklich konsumiert werden kann.

3. Ahornsirup

Ahornsirup ist bekannt für seine zahlreichen Antioxidantien. Mindestens 24 unterschiedliche konnten festgestellt werden. Doch Ahornsirup hat noch mehr zu bieten, denn reichlich Nährstoffe sind vorhanden. Mangan, Kalzium, Zink, Kalium und Eisen sind nur einige der wichtigsten Stoffe, die man in Ahornsirup vorfindet. Da in diesem Sirup nur ein geringer Anteil an glykämischen Indexals vorhanden ist, ist Ahornsirup auch für Diabetiker geeignet. Der Blutzuckerspiegel steigt zwar, aber nur sehr langsam.

Wer Ahornsirup verwendet, der sollte sparsam mit diesem umgehen. Immer wiederwird dieser auch gerne zum Backen verwendet, doch da sollte man bedenken, dass Ahornsirup flüssig ist. Bei Rezeptangaben ist daher zu beachten, dass man diese um ein Fünftel reduzieren muss.

Es finden zudem Untersuchungen statt, ob Ahornsirup auch Krebs bekämpfen kann, da zahlreiche Studien bislang einen positiven Verlauf gezeigt haben.

4. Honig

Honig, besonders lecker, gerade als Brotaufstrich. Doch auch als Ersatz von Zucker kann Honig hervorragend angewandt werden. Enthalten in Honig sind zahlreiche Vitamine und Mineralstoffe, jedoch nur in geringem Maße. Des Weiteren kann Honig besonders hilfreich sein, um Antioxidantien im Blut zu erhöhen. Ihnen sollte jedoch bekannt sein, dass zu viele Antioxidantien im Blut gesundheitsgefährdend sein können.

Doch Honig kann auch Risikofaktoren, die vorhanden sind für bestimmte Krankheiten reduzieren. Personen, die unter Diabetes leiden, die dürfen sich freuen. Forscher haben herausgefunden, dass Honig Blutfette und das sogenannte schlechte Cholesterin senkt. Das sogenannte gute Cholesterin wird hierbei positiv beeinflusst und somit erhöht. Jedoch sollten Sie auch wissen, nach allen positiven Forschungsergebnissen kam auch heraus, dass sich der Blutzuckerspiegel erhöhen würde.

Man sollte nicht vergessen, dass Honig immer noch Zucker ist und auch Fructose beinhaltet, was gerade bei Diabetikern nicht positiv zu bewerten ist.

5. Melasse

Melasse ist sirupartig und kann auch schnell mit Ahornsirup verwechselt werden. Die Flüssigkeit ist braun und extrem süß. Hergestellt wird diese süße Masse aus Zuckerrübensaft oder direkt aus Zuckerrohr.

Melasse ist mit reichlich Antioxidantien, Vitaminen und Mineralstoffen versehen. Es ist sogar wesentlich mehr davon enthalten als in Honig oder Ahornsirup. Ein sehr großer Vorteil bei Melasse ist, dass Knochenkrankheiten und das Herzinfarktrisiko gedämmt werden können. Dies liegt an dem Anteil von Kalzium und Kalium.

Es ist zu empfehlen, dass man Melasse mit Bedacht verwendet. Sie ist zwar ein sehr guter Ersatz für Haushaltszucker, jedoch die vielen Kohlenhydrate lassen die Pfunde nicht gerade purzeln. Mögen Sie Melasse? Dann hätten wir noch einen Tipp für Sie: Eine gute Alternative dazu ist der sogenannte Yacon-Sirup. Besonders bekannt und beliebt ist dieser Zuckerersatz in Südamerika.

6. Stevia

Stevia ist ein Zuckerersatz, den gerade Diabetiker zu schätzen wissen. Bei Stevia handelt es sich um einen Strauch, der seinen Ursprung in Paraguay hat. In den Blättern der Pflanze sind Inhaltsstoffe enthalten, die besonders süß sind. Gerade wer abnehmen möchte, nutzt gerne Stevia als Zuckerersatz, denn in dieser Pflanze verstecken sich kaum Kalorien.

Verwender von Stevia sind davon überzeugt, dass man ohne schlechtes Gewissen schlemmen kann, wenn man Stevia als Zuckerersatz verwendet. Stevia soll zudem nicht nur zahlreichen Speisen die Süße verleihen, sondern soll auch eine positive Wirkung auf den Gesundheitszustand des Menschen haben. Der medizinische Effekt der Stevia Pflanze ist enorm. Denn diese soll gefäßerweiternd, antikarzinogen, antimikrobiell, aber auch blutzuckersenkend und blutdrucksenkend sein.

7. Dattelsirup

Dattelsirup ist weit verbreitet, da sich dieses hervorragend als Zuckerersatz eignet. Ein großer Vorteil von Dattelsirup ist, dass dieses verdauungsfördernd wirkt. Ebenso ist Vitamin B5 enthalten, aber auch die Körperzellen und der Stoffwechsel werden mit dieser Zuckeralternative positiv beeinflusst. Ebenso sind kaum Kalorien im Dattelsirup vorhanden, wenn man diesen mit gewöhnlichem Rohrzucker vergleichen möchte. Eine Studie konnte sogar belegen, dass Dattelsirup bakterienhemmend wirkt.

Die zahlreichen positiven Eigenschaften von Dattelsirup lassen vermuten, dass dieses Sirup besonders gut als Zuckerersatz geeignet ist. Doch bevor Sie auf

Dattelsirup zurückgreifen, sollten Sie auch die vorhandenen Nachteile bedenken: In Dattelsirup ist viel Fructose enthalten, was bedeutet, dass nicht jeder Mensch Dattelsirup verträgt. Ein weiterer Minuspunkt von Dattelsirup ist, dass dieser Zuckerersatz wesentlich teurer ist als es bei den anderen Alternativen oder bei Rohrzucker der Fall ist.

8. Gojibeeren

Die Gojibeeren werden auch immer wieder gerne als „roter Diamant" bezeichnet. Dies liegt sicherlich an der roten Farbe der Beeren. Der Anteil an Inhaltsstoffen und Nährstoffen bei Gojibeeren ist sehr hoch. Viele Pflanzenstoffe sind enthalten, aber auch Vitamine, Spurenelemente und Mineralien. Das Potenzial der Gojibeere ist unglaublich hoch. Immer wieder setzt man, gerade in südlichen Ländern, diese Beere zur Vorbeugung von Krankheiten ein, aber auch als Heilmittel hat sich die Beere einen Namen gemacht.

Die Gojibeeren regeneriert nicht nur die Haut und die Augen, sondern beruhigen zudem auch Körper und Geist. Ein weiterer Vorteil ist, dass die Gojobeere den Zufluss von Körperflüssigkeiten erneuert. Goji erinnert geschmacklich an Pfirsiche. Verdünnt man

Gojisaft mit Wasser, so ist dieses Getränk besonders durstlöschend.

Möchte man Flüssigkeiten eine Süße hinzuführen, so sind Gojibeeren in Form von Saft sicherlich eine gute und vor allem gesunde Alternative. Gojibeeren eigenen sich jedoch nur bedingt, um Kuchen oder andere Speisen zu süßen.

9. Erdmandel

Die Erdmandel gilt als natürlicher Zuckerersatz und man kann diese sogar aus dem eigenen Garten bekommen. Die Erdmandel wird umgangssprachlich auch gerne als Tigernuss bezeichnet. Geschmacklich könnte man diese mit der Mandel oder mit Haselnüssen vergleichen, jedoch ist die Erdmandel wesentlich süßer. Diese Knolle ist besonders gesund, da sie aus zahlreichen Mineralien und Fettsäuren besteht. Ebenso sind zahlreiche Ballaststoffe in der Knolle enthalten. Diese machen langfristig satt und fördern zudem die Verdauung. Daher werden diese bevorzugt verwendet, wenn man sein Gewicht etwas reduzieren möchte.

Die Erdmandel lässt sich hervorragend in den Speiseplan integrieren. Die Erdmandel ist eine gute Alternative, wenn man auf der Suche nach Zuckerersatz ist. Sie schmeckt ansprechend süß und dennoch hat sie keinen künstlichen Nachgeschmack, wie es oftmals bei Zuckerersatz der Fall ist. Der Vitamin-C-Gehalt von Erdmandeln ist sehr hoch, man könnte diesen mit dem von Möhren vergleichen.

Im Handel findet man Erdmandel-Milch, Erdmandel-Chips, aber auch Brot und Brotaufstrich. Die Erdmandel-Milch kann zudem hervorragend zum Backen verwendet werden.

Es gibt noch einige andere Alternativen, die man als Zuckerersatz bedingt verwenden kann. Hierzu zählen beispielsweise:

• Süßkartoffeln
• Gemüse wie Kürbis
• Reissirup
• Früchte und Fruchtmus
• Nüsse und Nussmus

Es ist jedoch darauf zu achten, dass nicht jeder Zuckerersatz zum Backen oder Kochen geeignet ist. Vor- und Nachteile sind oftmals vorhanden. Wer unter Diabetes leidet, der sollte sich vorab erkundigen, wie viel Fruchtzucker in einem bestimmten Zuckerersatz enthalten ist.

1.4
ZUCKERALTERNATIVEN
UND ZUCKERALKOHOLE

1.4.1 Xylit und Erythrit und ihre Eigenschaften

Xylit wird auch Birkenzucker genannt und zählt zu den beliebtesten Alternativen, wenn es sich um Zucker dreht. Xylit ist ein Zuckeralkohol, hat jedoch nichts mit Alkohol zu tun. In zahlreichen Gemüse- und Obstsorten findet man Xylit natürlicherweise vor. Beispielsweise Erdbeeren, Blumenkohl oder Pflaumen enthalten Xylit. Xylit hat eine kariesvorbeugende Wirkung. Ebenso kann diese Zuckeralternative mit wenig Kalorien punkten. Geschmacklich kommt Xylit an den haushaltsüblichen Zucker heran.

Der glykämische Index bei Xylit ist besonders gering und der Blutzuckerspiegel wird nur minimal erhöht. Ebenso ist die Insulinausschüttung besonders gering, was gerade Diabetiker erfreut. Diese Zuckeralternative ist empfehlenswert, gerade wenn man Diabetiker ist oder unter Blutzuckerschwankungen leidet.

1.4.2 Was ist Erythrit?

Bei Erythrit handelt es sich um die Light-Version zu Xylit. Im Prinzip ist dies eine kalorienfreie Version. Doch Erythrit hat auch Nachteile, denn die süße kalorienarme Alternative erreicht die Süße von normalem Zucker keinesfalls. Man kann davon ausgehen, dass hier nur etwa 70 % erreicht werden. Diesen Zuckerersatz findet man häufig in Käse, Pistazien, aber auch in Obst vor.

Erythrit gehört, auch wenn es über einen geringeren Zuckerersatz verfügt, zu den Zuckeralkoholen. Wer eine Diät anstrebt, der verwendet gerne Erythrit, da ein besonders geringer Anteil an Kalorien vorhanden ist.

Übersicht

- beide Zuckerersatzstoffe haben nichts mit Alkohol zu tun
- es ist keine Fruktose enthalten
- Xylit ist gut für die Zahngesundheit
- beide Ersatzstoffe können hilfreich beim Abnehmen sein

1.5 BACKEN MIT XYLIT UND ERYTHRIT

Mit beiden Zuckerersatzstoffen kann man backen, jedoch gibt es einige Unterschiede zwischen Xylit und Erythrit, die man kennen sollte, bevor man mit diesen Produkten backen möchte.

Erythrit ist dafür bekannt, dass es beim Auskühlen des Mürbe- oder Rührteigs zum Kristallisieren neigt. Ebenso kann dieser Zuckerersatz zwischen den Zähnen knirschende Auswirkungen haben. Wer dies vermeiden möchte, der kann eine Alternative wählen, nämlich Puderzucker mit Erythrit. Ebenso besteht die Möglichkeit, nach einer Mischung zu greifen. Diese besteht zu 50% aus Xylit und zu 50% aus Erythrit.

Möchten Sie einen Kuchen backen, bei dem beispielsweise 100 Gramm Zucker benötigt werden, so können Sie diesen mit ungefähr 125 Gramm Erythrit ersetzen. Die trockenen Bestandteile werden mit einem passenden Volumen erhöht. Es wird stets empfohlen, die feuchten Zutaten mit etwa einem Anteil von 20% zu erhöhen. Was bedeutet, man nutzt mehr Milch oder gibt ein Ei mehr zum Teil hinzu.

Der Vorteil von Xylit ist, dass dieser Zuckerersatz nicht kristallisiert und somit den Zucker perfekt ersetzen kann, nämlich zu gleichen Bestandteilen. Dieser ist jedoch ebenfalls in einer Puderzucker-Variante erhältlich, wem dies lieber ist. Xylit karamellisiert zudem, was bei Erythrit nicht der Fall ist. Dieser Vorgang findet jedoch erst statt, wenn der Xylit-Zuckerersatz etwa bei 100 Grad 5 Minuten lang erhitzt wird.

Wer mit Hefeteig einen Kuchen backen möchte, der sollte wissen, dass dies problemlos möglich ist, der Teig jedoch ein bisschen mehr Zeit zum Aufgehen benötigt.

1.6 RUND UMS GESUNDE BACKEN

Zucker Alternative	Vorteile	Nachteile	Besonderheit
Erythrit	ähnliche Süßkraft wie bei Haushaltszucker, kalorienfrei, schmeckt identisch wie Haushaltszucker	kostenintensiv, nicht für jeden verträglich	ist weder förderlich noch schädlich für die Gesundheit
Stevia	keine Kalorien, starke Süßkraft,	lässt sich schwer	einige Stevia Produkte haben

		dosieren, oftmals ist die Herkunft unbekannt, extrem stark verarbeitet	einen bitteren Nachgeschmack
Birkenzucker	gleicher Geschmack wie Zucker, wenige Kalorien, der glykämische Index ist gering	kostenintensiv, manchmal schwer verträglich	
Agavensirup	viele Spurenelemente und Mineralien enthalten, hohe Süßkraft	hoher Fructose-Anteil, kaum Sättigung vorhanden, keine Verstoffwechselung über die Leber gegeben, kann die Leber in großen Mengen belasten	
Kokosblütenzucker	hoher Anteil an diversen Mineralien, der glykämische Index ist niedrig, vergleichbar mit Haushaltszucker	schwer verdaulich, da langer Transportweg, kostenintensiv	verfügt über eine angenehme Süße, ist gut verträglich, gut zum Backen oder Kochen geeignet,
Honig	wenige Kalorien, starke Süße, viele Mineralien, Antioxidantien, Vitamine und Spurenelemente enthalten, soll antibiotisch wirken	enthalten ist mehr Fructose als Glucose, oftmals viel zu stark verarbeitet, arm an Nährstoffen	
Ahornsirup	hat weniger Kalorien als	hat weniger Süßkraft, als	

	Haushaltszucker, viele Spurenelemente und Mineralien enthalten, der glykämische Index ist niedrig	dies bei Zucker der Fall ist	
Dattelsirup	viele Spurenelemente und Mineralien vorhanden, das Verhältnis von Fructose und Glucose ist gleich	enthält gleich viele Kalorien wie es bei Zucker der Fall ist	
Trockenfrüchte	haben den höchsten Gehalt an Spurenelementen und Mineralien, verfügen über weniger Kalorien als Zucker, eine gute Sättigung ist wegen der zahlreichen Ballaststoffe gegeben	ist nicht für jedes Rezept geeignet, die Verarbeitung ist schwierig	Trockenfrüchte machen sich hervorragend in Pralinen

Zuckeralternativen, der Umgang sollte sparsam sein

Zuckeralternativen liegen im Trend. Gerade wer abnehmen möchte, der greift auf Zuckeralternativen zurück. Oftmals wird genau diesen Alternativen nachgesagt, das sie besonders gesund sind, weil diese kalorienarm sind. Viele Mineralstoffe, Vitamine und Nährstoffe sind in diesen enthalten. Doch wer nur auf Nährstoffe aus ist, der kann ebenso zu Obst und Gemüse greifen.

Es ist immer ratsam, Zuckeralternativen mit Bedacht zu verwenden. Zu viel alternativer Zucker kann gesundheitliche Folgen haben. Ebenso muss man sehen, wie hoch der Anteil an Kohlenhydraten ist. Einige Zuckeralternativen enthalten zudem einen hohen Anteil an Fructose, was für Diabetiker nicht empfehlenswert ist. Viele Zuckeralternativen verfügen über eine Menge Kalorien, was bei einer Diät absolut nicht förderlich ist. Schnell kann man sich Übergewicht aneignen.

Zuckerfrei backen, und das soll schmecken? Mögen Sie Obst? Dann haben Sie sich selbst schon die Antwort gegeben. Ein Zuckerersatz kann Obst sein. Natürlich gibt es auch andere Zuckeralternativen, die man beim zuckerfreien Backen verwenden kann. Diese Alternativen sind empfehlenswert, jedoch sollte man es damit nicht übertreiben. Auf die heißgeliebten Schoko-Muffins oder auf andere Süßspeisen muss man keinesfalls verzichten. Doch mit der alternativen Süße muss man vorsichtig umgehen. Die chemischen Süßstoffe wie Xylit, Saccharin oder Aspartam sollen laut einiger Studien bei zu hoher Dosierung den Stoffwechsel negativ beeinflussen. Stevia ist zudem ein Zuckerersatz, der immer wieder gerne und bevorzugt verwendet wird, doch diesem Ersatzzucker mangelt es an

Volumen. Möchten Sie somit beim Backen den Haushaltszucker mit Stevia ersetzen, so müssen Sie auch an ein alternatives Füllmittel denken. Des Weiteren süßt Stevia nicht neutral, sondern hat einen leicht bitteren Nachgeschmack.

Viele Menschen greifen, um Speisen zu süßen, nach Süßstoff, denn ein Mythos besagt, dass Süßstoff gesünder sei als Haushaltszucker, doch dies ist ein Trugschluss. Süßstoff ist pure Chemie. Wer zu viel Süßstoff zu sich nimmt, der läuft Gefahr, an Durchfall oder Magenproblemen zu erkranken. Gerade Diabetiker müssen aufpassen, wenn sie sich für eine Zuckeralternative entscheiden, denn in ihr kann auch Fructose enthalten sein.

1.6.2 Alternativen zu Mehl/Milch/Ei

Oftmals leiden Menschen unter bestimmten Allergien oder Krankheiten und können nicht alle Lebensmittel zu sich nehmen. Ebenso sieht es bei Veganern aus, diese verzichten auf tierische Produkte. In Rezepten sind die Angaben jedoch oftmals mit Mehl, Milch oder Ei versehen, was die Umsetzung eines Rezeptes nicht für jeden einfach macht. Alternativen gibt es jedoch reichlich. Einige möchten wir Ihnen nicht vorenthalten. Anstatt handelsüblichem, normalem Mehl können

Sie Vollkornmehl benutzen und anstatt normaler Milch pflanzliche Milch. Zudem gibt es sogar Ei-Ersatz, nämlich Chia. Somit ist es ganz einfach, übliche Lebensmittel auszutauschen gegen alternative Lebensmittel.

1.7 WAS UNTERSCHEIDET DIESES VON ANDEREN E-BOOKS?

Es war uns wichtig, bei den zuckerfreien Rezepten nicht nur die Zutaten und die Zubereitung anzugeben und für wie viele Personen das Rezepte angedacht ist. Wir wollten es besser machen und haben und uns auch mit den Nährwerten beschäftigt, da diese für viele besonders wichtig sind.

- Wie viel Energie enthält das Rezept?
- Wie viele Kohlenhydrate sind enthalten?
- Wie viele Ballaststoffe sind vorhanden?
- Über wie viel Fett verfügt das Rezept?
- Wie viele Proteine sind enthalten?

1.7.1 Checkliste Vorräte

Einige Vorräte sollten Sie immer im Haus haben, die man einfach benötigt, wenn man zuckerfrei backen oder kochen möchte. Hierbei handelt es sich um Zuckerersatz, der niemals fehlen sollte. Zu empfehlen ist Lupinenpulver oder normales zuckerfreies Eiweißpulver Vanille. Ebenso sollten Sie immer Gewürze und Kräuter im Haus haben. Vollkornmehl ist ebenso wichtig wie Olivenöl und Chia-Samen. Des Weiteren empfehlen wir Kokosmehl und Leinöl. Wir empfehlen Ihnen, einen Vorrat von diesen Lebensmitteln anzulegen, sodass Sie stets die regelmäßig genutzten Produkte zur Hand haben. Eine kleine Übersicht der Vorräte, die Sie immer im Haus haben sollten, möchten wir Ihnen nun geben:

1. Haferflocken
2. Ingwerpulver
3. Zimtpulver
4. Vollkornmehl
5. Dinkelmehl
6. Honig
7. Mandeln
8. Haselnüsse
9. Zitronen

Mit diesen Vorräten ist es ein Leichtes, schnell einen zuckerfreien Kuchen oder zuckerfreie Kekse zu backen. Wer gerne für Kinder backt, der kann so schnell ein paar Leckereien zaubern.

1.7.2 Fazit

In diesem Backbuch finden Sie zahlreiche zuckerfreie sowie vegane Rezepte. Zuckerfrei backen ist stark im Kommen und wird immer mehr zum Trend. Eine zuckerfreie Ernährung mit zahlreichen Leckereien erwarten Sie in diesem Backbuch. Gesund backen ist gar nicht so schwer wie man vielleicht denken mag und zudem kann sich das Ergebnis absolut schmecken lassen. Versuchen Sie unsere Rezepte, die sich bereits zahlreich bewährt haben, und schlemmen Sie mit Ihren Liebsten. Freuen Sie sich auf zuckerfreies Brot, auf den so beliebten Apfelkuchen oder auf Donuts. Ebenso leckerer Käsekuchen, Muffins und zahlreiche Leckereien mehr warten darauf, von Ihnen gezaubert zu werden.

2. 88 leckere Backrezepte

2.1 ZUCKERFREIE REZEPTE, DIE JEDEN GAUMEN ERFREUEN

Wir möchten Ihnen leckere Rezepte ohne Zucker präsentieren, die Sie einfach nachbacken können. Zuckerfreie Rezepte, die keine Wünsche offenlassen. Wir haben uns bemüht, unterschiedliche Geschmacksrichtungen zu präsentieren, sodass jedes Schleckermäulchen etwas Geeignetes finden kann. Unsere Rezepte sind nicht nur zuckerfrei, sondern einige vegane Rezepte haben wir ebenfalls für Sie aufgeführt, sodass auch Veganer an den zuckerfreien Köstlichkeiten teilhaben können.

2.1.1 KAROTTENBROT MIT DINKEL (VEGAN)

Nährwerte:
33 g Kohlenhydrate
3 g Fette
3 g Ballaststoffe
8 g Proteine
207 Energie

Zutaten für 12 Personen:
300 ml lauwarmes Wasser
500 g Dinkelmehl
2 EL Walnüsse
1 Päckchen Hefe
100 g Haferflocken
150 g Möhren
eine Prise Salz
100 g Zucchini

Zubereitung:
1. Zucchini und Möhren waschen, die Möhren schälen und beide Zutaten fein raspeln mit einer Gemüsereibe.
2. Das geraspelte Gemüse, das Dinkelmehl, Wasser, Haferflocken und die Hefe in eine Schüssel geben und vermengen. Nun die gehackten Walnüsse und das Salz hinzugeben und zu einem glatten Teig vermengen. Danach den Teig mit einem Tuch abdecken und etwa 60 Minuten bei Zimmertemperatur ruhen lassen.
3. Nehmen Sie nun eine Brotbackform oder Kastenform zur Hand und legen Sie diese mit Backpapier aus. Den Teig nun bitte in diese hineingeben. Den Backofen vorheizen und das Brot bei 200 °C Umluft etwa 60 Minuten backen lassen.

4. Nun das Brot aus dem Backofen nehmen und abkühlen lassen.

Unser Tipp:
Hervorragend geeignet zum Frühstück, bestrichen mit Quark oder Hummus. Eine absolute Gaumenfreude.

2.1.2 WAFFELN MIT HEIDELBEERQUARK

**Nährwerte*:*
40 g Proteine
45 g Kohlenhydrate
10 g Fette
5 g Ballaststoffe
442 Energie

Zutaten für 1 Person:
1 Ei
100 g Heidelbeeren
2 Eiweiß
5 EL Haferflocken
200 g Magerquark (0,1%)
2 TL Vanillepulver
Mineralwasser

Zubereitung:
1. Eiklar mit 1 Prise Salz in einer Schüssel steif schlagen.
2. 1 EL Mineralwasser mit 125 g Quark cremig rühren und Vanillepulver, Ei, Haferflocken und Stevia nach Bedarf unterrühren.
3. Das Waffeleisen einschalten und warten bis die richtige Temperatur erreicht ist. Nun die Waffeln nach und nach zubereiten bzw. backen.
4. Die Heidelbeeren und den übrigen Quark verrühren und in einem Topf erhitzen, danach auf den einzelnen Waffeln verteilen.

Unser Tipp:
Es schmecken auch andere Früchte oder Beeren zu den Waffeln sehr gut. Hier sollten Sie sich am Obst der Saison orientieren.

2.1.3 GRUNDREZEPT FÜR EIWEIßBROT

Nährwerte:
10 g Proteine
5 g Kohlenhydrate
12 g Fette
3 g Ballaststoffe
169 Energie

Zutaten für 10 Personen:
50 g gemahlene Mandeln
50 g geschrotete Leinsamen
250 g Magerquark (0,1%)
20 g Chia-Samen
½ Päckchen Backpulver
4 Eier
60 g Sonnenblumenkerne
50 g gemahlene Haselnüsse
eine Prise Salz
20 g Sonnenblumenkerne
1 Kastenform

Zubereitung:
1. Verrühren Sie den Quark und die Eier in einer Schüssel und geben Sie 40 g Sonnenblumenkerne, die Haselnüsse, Mandeln und Backpulver, sowie die Prise Salz hinzu. Nun müssen Sie alles zu einem glatten Teig vermischen. Danach sollte der Teig gut 5 Minuten ruhen.
2. Sie sollten nun eine Kastenform mit Backpapier auslegen und den Teig hineingeben. Die restlichen Sonnenblumenkerne oben auf den Teig geben und das Brot bei 190 °C Ober- und Unterhitze für 60 bis 70 Minuten backen.

3. Lassen Sie das Brot in der Kastenform auskühlen und genießen Sie es am besten zum Frühstück.

Unser Tipp:
Besonders lecker schmeckt das Eiweißbrot mit Frischkäse und Kräutern. Auch mageres Fleisch lässt sich hier gut verwenden. Eine Leckerei, die wirklich satt macht.

2.1.4 NUSSKUCHEN MIT BANANEN

Nährwerte:
7 g Proteine
7 g Kohlenhydrate
12 g Fette
2 g Ballaststoffe
173 Energie

Zutaten für 12 Personen:
2 reife Bananen
3 Eier
50 g flüssiges Kokosöl
1 Prise Salz
1 EL Agavendicksaft oder Honig
½ Päckchen Backpulver
150 g gemahlene Mandeln
200 g Magerquark (0,1%)

Zubereitung:
1. Vorab den Backofen auf 170 °C Ober- und Unterhitze vorheizen. Backpapier in eine Kastenbackform legen.
2. In einer Schüssel die Eier mit einer Prise Salz und dem Honig schaumig schlagen und die Bananen separat zerquetschen. Am besten mit einer Gabel. Diese mit den restlichen Zutaten verrühren, sodass ein glatter Teig entsteht.
3. Den Teig nun in die Kastenform geben und etwa 30 Minuten im Backofen backen lassen. Zum Schluss den Kuchen abkühlen lassen und einfach nur die Leckerei genießen.

Unser Tipp:
Wer den Teig besonders cremig mag, der sollte anstatt eines Handrührgeräts einen Mixer verwenden.

2.1.5 FRUITY MUFFINS (VEGAN)

Nährwerte:
160 g Kohlenhydrate
28 g Ballaststoffe
24 g Proteine
28 g Fett
533 Energie

Zutaten für 8 Personen:
1 Birne
560 g Dinkelvollkornmehl
80 ml Sonnenblumenöl
4 EL Chia-Samen
8 kleine bis mittlere Bananen
1 Päckchen Backpulver

Zubereitung:
1. Zunächst sollten Sie dafür sorgen, dass Ihre Muffins es warm haben und den Ofen auf 160° Grad vorheizen.
2. Dann geben Sie die Bananen und die entkernten Birnen in eine Schüssel und pürieren diese gründlich. Dabei ist ein Stabmixer sehr hilfreich.
3. Nun geben Sie die restlichen Zutaten hinzu und kneten das Ganze zu einem Teig.
4. Danach geben Sie den fertigen Teig in entsprechende Förmchen und schieben diese für ca. 30 Minuten in den vorgeheizten Backofen.
5. Zum Abschluss testen Sie die Festigkeit mit einer Gabel. Es darf kein Teig daran kleben bleiben.

Unser Tipp:
Anstatt der Birnen können Sie auch Birnendicksaft verwenden, das gibt den Muffins einen besonders süßen Geschmack.

2.1.6 MUFFINS EINMAL ANDERS (VEGAN)

Nährwerte:
1066 Energie
160g Kohlenhydrate
28g Ballaststoffe
24g Proteine
28g Fett

Zutaten für acht Personen
6-8 pürierte Datteln
560g Dinkelvollkornmehl
80 ml Sonnenblumenöl
4 EL Chia-Samen
8 kleine bis mittlere Bananen
1 Päckchen Backpulver
2 mittelgroße gewürfelte Äpfel

Zubereitung
1. Heizen Sie Ihren Backofen auf 160 Grad vor.
2. Mixen Sie die pürierten Datteln und die Bananen mit einem Stabmixer.
3. Nun geben Sie 500g Dinkelvollkornmehl, das Öl, das Backpulver und den Chia Samen dazu. Den Brei müssen Sie nun gründlich kneten, bis daraus ein Teig geworden ist.
4. Schwenken Sie die gewürfelten Äpfel im restlichen Mehl und heben diese dann unter den Teig.
5. Den Teig können Sie dann in die Muffin-Förmchen füllen. Nach ca. 30 Minuten Backzeit sollten Ihre Muffins fertig sein.

Unser Tipp:
Anstatt der Datteln können Sie auch Dattelmark verwenden und sparen sich das Pürieren.

2.1.7 BANANEN PANCAKES OHNE MEHL

Nährwerte:
43 g Kohlenhydrate
18 g Proteine
17 g Fette
11 g Ballaststoffe
433 Energie

Zutaten für 1 Person:
2 EL ChiaSamen
1 Banane
2 Eier
Zimt nach Belieben

Zubereitung:
1. Zuerst muss die Banane geschält werden und dann geben Sie diese mit den Chia Samen, den Eiern und dem Zimt in einen Standmixer. Nun muss alles zu einem glatten Teig verrührt werden.
2. Nun müssen Sie den Teig etwa 5 Minuten ruhen lassen.
3. Erhitzen Sie nun eine beschichtete Pfanne mit etwa 2 EL Wasser. Nun müssen Sie für jeden Pancake etwa 2 EL des Teigs in die Pfanne gegeben werden. Wichtig ist, dass Sie hierbei die Herdplatte auf die niedrigste Stufe stellen. Sobald sich Blasen auf dem Pancake bilden, müssen Sie diesen wenden. Nun noch kurz von der anderen Seite braten und den Pancake aus der Pfanne nehmen. Bevor Sie den nächsten Pancake in die Pfanne geben, wieder 2 EL Wasser in diese geben usw.

Unser Tipp:
Sie können diese Pancakes auch mit saisonalen Früchten oder Beeren genießen, je nach Geschmack und Belieben.

2.1.8 QUARK-TORTE MIT OBST (VEGAN)

Nährwerte:
8 g Ballaststoffe
13 g Proteine
31 g Kohlenhydrate
14 g Fette
325 Energie

Zutaten für 8 Personen:
200 ml Kirschsaft
200 g Datteln
4 Blätter Gelatine
200 g gemahlene Mandeln
500 g Erdbeeren
1 Zitrone
3 EL Magerquark (01%)
1 Mango
1 Banane
1 EL Chia-Samen

Zubereitung:
1. Vorab müssen Sie die Zitrone halbieren und auspressen. Der Zitronensaft muss aufgefangen werden. Die Datteln, Mandeln und den Zitronensaft in eine Küchenmaschine geben und mixen. Es muss ein schöner Teig entstehen.
2. Nun müssen Sie Backpapier in eine Springform legen und den Teig in dieser gleichmäßig verteilen. Der Teig muss festgedrückt werden, da dieser den Boden für die Torte ergibt. Der Boden sollte nun mindestens eine Stunde im Kühlschrank kühlgestellt werden. Sie können ihn auch über Nacht in diesen stellen.

3. Als Nächstes müssen die Erdbeeren gewaschen und geputzt werden. Danach noch halbieren.

4. Schälen Sie nun die Mango und entkernen diese. Nun noch die Banane schälen und diese mit dem Fruchtfleisch der Mango und dem Quark, sowie den Chia-Samen in eine Schüssel geben. Das Ganze muss nun mit einem Stabmixer püriert werden. Es sollte eine leckere Creme entstehen.

5. Nun nehmen Sie den Tortenboden aus dem Kühlschrank und verteilen die Creme auf diesem.

6. Die Erdbeerhälften werden zum Schluss gleichmäßig auf der Creme verteilt.

7. Die Gelatine muss in Wasser nach Anleitung zubereitet werden. Nun muss die Gelatine ausgedrückt werden in einen kleinen Topf. Bei schwacher Hitze muss diese aufgelöst werden. Den Topf nun von der Herdplatte nehmen und die Gelatine so lange abkühlen lassen, bis diese nur noch lauwarm ist. Als Nächstes müssen Sie 4 EL des Kirschsaftes zur Gelatine hinzugeben und alles mit einem Quirl ordentlich durchrühren. Nun die Gelatine zum restlichen Kirschwasser hinzugeben.

8. Den Guss nun über die Torte gleichmäßig verteilen und im Kühlschrank erkalten lassen.

Unser Tipp:
Statt der Mango lassen sich auch hervorragend 3 Passionsfrüchte verwenden. So bekommt die Torte einen exotischen Geschmack.

1.1.1 BANANEN-PANCAKES (VEGAN)

Nährwerte:
15 g Proteine
63 g Kohlenhydrate
8 g Fette
4 g Ballaststoffe
393 Energie

Zutaten für 2 Personen:
3 EL Dinkelkleie
1 Banane
100 g Dinkelvollkornmehl
250 g ungesüßten Sojajoghurt
50 ml Mineralwasser versetzt mit Kohlensäure
50 ml ungesüßten Mandeldrink
1 TL Kokosöl
1 TL Backpulver
ein bisschen Honig

Zubereitung:
1. Geben Sie die Kleie, das Vollkornmehl, sowie das Backpulver in eine Schüssel.
2. Das Mineralwasser und der Pflanzendrink müssen unter ständigem Rühren untergemischt werden. Machen Sie dies so lange, bis ein glatter Teig entsteht.
3. Als Nächstes müssen Sie die Banane schälen und in Scheiben schneiden. Diese dann unter den Teig heben.
4. Nun müssen Sie etwas Kokosöl in einer Pfanne erhitzen und am besten mit einer Schöpfkelle etwas von dem Teig in die Pfanne geben. Es sollten etwa 1,5 cm dicke Pancakes entstehen.
5. Die Pancakes von beiden Seiten goldbraun backen.

6. Servieren können Sie die Pancakes mit Sojajoghurt.

Unser Tipp:
Falls Sie Mandelmilch nicht mögen, so können Sie auch
zu Sojadrink oder Haferdrink greifen.

2.1.9 SÜßE CHIA-BRÖTCHEN MIT QUARK

Nährwerte:
20 g Proteine
7 g Kohlenhydrate
8 g Fette
199 Energie

Zutaten für 2 Personen:
½ TL Backpulver
1 Ei
1 EL pflanzliches Eiweißpulver (beispielsweise Vanille oder Schoko)
125 g Magerquark (0,1%)
½ TL Chia-Samen
25 g Weizenkleie
25 g geschrotete Leinsamen

Zubereitung:
1. Das Ei trennen und das Eiklar mit einer Prise Salz steif schlagen.
2. Nun das Eigelb mit dem Quark vermengen und die trockenen Zutaten unter die Quarkmasse rühren. Dies bitte mit Vorsicht. Als nächstes noch den Eischnee unterheben und alles für ca. 10 Minuten in den Kühlschrank stellen.
3. Als nächstes den Backofen auf 180 °C Umluft vorheizen. Formen Sie nun aus dem Teig 4 Brötchen. Achten Sie darauf, dass diese gleichgroß sind. Nun legen Sie diese auf ein mit Backpapier ausgelegtes Backblech.
4. Die Brötchen müssen etwa 25 Minuten backen. Wer diese lieber etwas dunkler mag, der kann sie auch 30 Minuten im Backofen belassen.

Unser Tipp:
Sollten Brötchen übrigbleiben, so kann man diese hervorragend einfrieren. Backt man diese zu einem späteren Zeitpunkt auf, schmecken sie noch besser.

2.1.10 CHIA-CRACKER FÜR DEN GENIEßER

Nährwerte:
11 g Proteine
6 g Kohlenhydrate
18 g Fette
8 g Ballaststoffe
259 Energie

Zutaten für 12 Personen:
etwas süßes Paprikapulver
160 g Chia-Samen
etwas Chili
130 g Sonnenblumenkerne
etwas Pfeffer
130 g Kürbiskerne
2 TL Salz
140 g Sesamsamen
480 ml Wasser

Zubereitung:
1. Heizen Sie den Backofen auf 160 °C vor.
2. Vermischen Sie sämtliche Samen in einer Schüssel und geben Sie das Wasser über diese. Nun rühren Sie diese Zutaten so lange, bis sich eine dickliche Masse ergibt. Wenn Sie gerne Trockenfrüchte mögen, so können Sie diese nach Belieben hinzugeben. Sie sollten die Masse nun ein bisschen stehen lassen, damit diese quellen kann.
3. Als Nächstes müssen Sie die Masse dünn auf Backpapier streichen und die Cracker etwa 30 Minuten im Backofen belassen.

4. Nun müssen Sie die Cracker in kleine Stücke schneiden und wenden. Danach diese erneut für 25 Minuten in den Backofen schieben.

Unser Tipp:
Mögen Sie es fruchtig, so eignen sich Trockenfrüchte hervorragend.

2.1.11 APFELKUCHEN (KALORIENARM)

Nährwerte:
32 g Eiweiß
151 g Kohlenhydrate
25 g Ballaststoffe
22 g Fett
965 Energie

Zutaten für 8 Personen
700 g Äpfel
2 Eier
90 g Erythrit/Xylit/Brauner Zucker
Zitronenabrieb einer Zitrone
1Prise Salz
110 g Vollkornmehl
75 ml fettarme Milch
3 TL Backpulver
Optional: Zusätzlich Erythrit/brauner Zucker als Glasur/Streusel

Zubereitung
1. Den Ofen vorheizen auf 180 Grad Ober-/Unterhitze.
2. Eine Springform/Backform (Durchmesser 20 – 22 cm) einfetten und die Äpfel schälen und in kleine Scheiben schneiden.
3. Die Eier in eine Schüssel mit Zucker geben, eine Prise Salz und dem Zitronenabrieb hinzugeben und alles vermischen.

4. Das Mehl, Backpulver und die Milch zu der cremigen Mischung dazugeben und alles vermengen. So lange, bis eine gleichmäßige Masse entsteht.

5. 2/3 der Apfel-Schnitze in den Teig geben und unterheben. Anschließend die Masse in eine eingefettete Form geben und die restlichen Apfelschnitze auf dem Kuchenteig platzieren. Den Apfelkuchen bei 180 °C für 35 Minuten backen bis auch die Teigmitte fest ist.
Zum Testen kann der Zahnstocher-Test gemacht werden.

Unser Tipp:
Der Apfelkuchen schmeckt kalt und warm hervorragend.

2.1.12 CRANBERRY-SESAM-KUGELN

Nährwerte:
15 g Fett
9 g Eiweiß
7 g Kohlenhydrate
188 Energie

Zutaten für 20 Stücke:
75 g Haselnüsse
150 g Mandeln
120 g Reisproteinpulver
30 g Gojibeeren
30 g Hanfsamen, geschält
30 g Chia-Samen
30 g Sonnenblumenkerne
30 g Kürbiskerne
100 g Kokosöl
7 EL Ahornsirup
2 TL Vanille-Aroma

Zubereitung:
1. Haselnüsse rösten, mit Reisprotein und Mandeln pürieren und beiseitestellen.
2. Im Mixer die Cranberrys mit den Nüssen zerkleinern und mit den Gojibeeren und den Saaten vermengen.
3. Das Kokosöl schmelzen, den Vanilleextrakt und den Ahornsirup zufügen und alles zum Rest geben.
4. Im Kühlschrank 20 Minuten belassen und dann zu 20 Kugeln formen.

Unser Tipp:
Besonders gut geeignet auch als Ersatz für Süßes.

2.1.13 KÄSEKUCHEN AUS MAGERQUARK (KALORIENARM)

Nährwerte ohne Oreos:
108 g Eiweiß
36 g Kohlenhydrate
23 g Fett
785 Energie

Zutaten:
225 g fettreduzierter Frischkäse
350 g Magerquark/Griechischer Joghurt (2%Fett)
1 Ei
1 Eiweiß
15 ml Ahornsirup/Agavendicksaft (optional)
Süßung: Süßstoff/Xucker/Flave Drops

Zubereitung:
1. Den Backofen auf 160 Grad Ober-/Unterhitze aufheizen.
2. Alle Zutaten miteinander vermischen und die Masse in eine geeignete Backform (z.B. 20x20cm) geben.
3. Den Kuchen für ca. 15 Minuten bei 160 °C backen.
4. Anschließend die Temperatur senken auf 90-95 Grad und den Kuchen für weitere 40 Minuten backen.
5. Den Kuchen anschließend 4-6 Stunden gut auskühlen lassen.

Unser Tipp:
Backform mit Öl einreiben oder einsprühen. So lässt sich der Kuchen besser aus der Form lösen.

2.1.14 APFEL-ZIMT-QUARKKUCHEN MIT MANDARINEN

Nährwerte pro Portion 1 Stück:

28,1 g Eiweiß
20 g Kohlenhydrate
1, 8 g Ballaststoffe
2,5 g Fett
219 Energie

Zutaten Boden für 8 Stücke:

2 Eier
1 Eiklar
80 g Apfelmark
160 g Magerquark
90 g Dinkelvollkornmehl
7 g Backpulver
115 g Milch
½ TL Xanthan (oder alternatives Verdickungsmittel)
Vanille Extrakt
etwas Zimt
200 g Apfel-Zimt
5 g brauner Zucker
Süße nach Wahl

Zutaten Füllung:

1 kg Magerquark
50 g Sofortgelatine
40 g Whey (Vanille/Zimt-Proteinpulver – optional)
Süße nach Wahl

Zubereitung

1. Alle Zutaten des Bodens bis auf den Apfel und den braunen Zucker miteinander vermischen. In eine Backform geben (ca. 20-24 cm Durchmesser)
2. Apfel in Scheiben schneiden und darüber gehen.
3. Das Ganze bei 175 Grad Umluft ca. 20-30 Minuten backen, anschließend herausnehmen und den braunen Zucker darauf geben.
4. Auskühlen lassen.
5. Die Füllung zusammenmischen und auf den abgekühlten Boden geben. Für ein paar Stunden in den Kühlschrank stellen und dann vor dem Servieren mit Zimt bestreuen. Optional mit Mandarinen verzieren.

Unser Tipp:
Statt Mandarinen schmecken auch andere Früchte der Saison hervorragen.

2.1.15 GOJI-VANILLE-KUGELN

Nährwerte:
12 g Fett
8 g Eiweiß
19 g Kohlenhydrate
197 Energie

Zutaten für 20 Stücke:
90 g Xylit
270 g Margarine (weich)
240 g Mehl
120 g Reisproteinpulver
20 g Vanille-Aroma
1 Prise Salz
150 g Gojibeeren

Zubereitung:
1. Im Mixer den Xylit zu staubigem Puderzucker zerkleinern.
2. Die Margarine in einer Schüssel schaumig schlagen. Den Puderzucker, Mehl, Reisprotein, Salz und Vanille-Extrakt nach und nach dazugeben und einrühren.
3. Die Gojibeeren ganz vorsichtig zum Schluss unterheben. Die Masse dann zu 20 festen Kugeln formen, sodass sie nicht zerfallen können und die Kugeln im Kühlschrank aufbewahren.

Unser Tipp: Eine Leckerei für zwischendurch, anstatt was Süßem.

2.1.16 BANANEN-EI-PANCAKES

Nährwerte:
20 g Fett
15 g Eiweiß
26 g Kohlenhydrate
343 Energie

Zutaten für 1 Portion
1 mittelgroße Banane
2 mittelgroße Eier
1TL Rapsöl
1 Prise Zimt

Zubereitung:
1.   Mit einer Gabel die Banane zerdrücken. Dann verquirlen mit dem Ei und der Prise Zimt.
2.   In einer beschichteten Pfanne bei mittlerer Hitze kleine Pancakes portionsweise ausbacken von beiden Seiten.
3.   Stetig die Pfanne mit ein wenig Öl einpinseln/ mit einem Küchentuch einfetten. Sie brennen schnell an. 1 Portion ergibt ca. 5 kleine Pancakes. Je kleiner die Pancakes sind, desto besser lassen sie sich wenden.

Unser Tipp:
Die Pancakes können je nach Geschmack mit frischen Früchten Ahornsirup und Co. serviert werden.

2.1.17 JOGHURT-HAFERFLOCKEN-CUPS (VEGAN)

Nährwerte:
2 g Fett
3 g Eiweiß
19 g Kohlenhydrate
102 kcal

Zutaten für 12 Stücke:
2 mittelgroße Bananen
100 g Honig
125 g Haferflocken (kernige)
250 g Naturjoghurt
125 g Beeren nach Wahl
1 TL Zimt
1 Prise Salz

Zubereitung:
1. Mit einer Gabel die Bananen zerdrücken, bis keine Stücke mehr vorhanden sind.
2. Honig hinzufügen, gut vermischen und an die Seite stellen.
3. Zimt und Haferflocken in einer separaten Schüssel miteinander vermengen. Den Bananen-Honig-Brei dazugeben. Platt drücken mit den Fingern und eine Mulde in der Mitte formen. Dann für 10-12 Minuten backen bei 175 Grad.
4. Die Cupcakes herausnehmen aus der Form und auf einen Teller legen. Je 2 EL Naturjoghurt in die Mulde geben und dann glattstreichen.

Unser Tipp:
Leckere Cups, die auch hervorragend mit Obst der Saison schmecken.

2.1.18 ZUCKERFREIE LOW-CARB-WALNUSS-HIMBEER-MUFFINS

Nährwerte:
24 g Fett
8 g Eiweiß
6 g Kohlenhydrate
255 kcal

Zutaten für 10 Muffins:
100 g Himbeeren
4 mittelgroße Eier
1 Prise Salz
½ TL Backpulver
2 EL Xylit
200 g gemahlene Mandeln
90 ml Rapsöl
1 TL Chia-Samen

Zubereitung:
1. Eventuell Himbeeren vorher antauen lassen sofern TK-Beeren verwendet werden.
2. Die Eier währenddessen trennen und das Eiweiß zusammen mit einer Prise Salz steif schlagen.
3. In einer anderen Schüssel die Eigelbe mit dem Öl und dem Backpulver verrühren. Die gemahlenen Mandeln, die Walnüsse, die Chia-Samen und Xylit untermischen. Das steifgeschlagene Eiweiß vorsichtig darunterheben. Die Himbeeren zum Schluss dazugeben.
4. In Muffinförmchen die Masse einfüllen und bei 175 °C etwa 20 – 25 Minuten backen.

Unser Tipp
Kinder lieben diese Muffins, sie können auch hervorragend für einen Kindergeburtstag verwendet werden. Kommen prima an.

2.1.19 SCHOKOTRÜFFEL OHNE ZUCKER (VEGAN)

Nährwerte:
11 g Fettsäure
1 g Eiweiß
7 g Kohlenhydrate
130 Energie

Zutaten für 18 Trüffel:
150 ml Kokosöl
160 g Dattelsirup
60 g Kakao (stark entölt)
40 g Haselnüsse
1 Messerspitze gemahlene Vanille
Zutaten Deiner Wahl für die Ummantelung (z.B. Hanfsamen, geraspelte Kokosnuss oder Zimt)

Zubereitung:
1. Kokosöl in einem kleinen Topf schmelzen. Vorsicht: es sollte wirklich nur geschmolzen werden und nicht anfangen zu kochen. Vanille und Sirup hinzugeben und gut verrühren.
2. In einer Schüssel Kakao und gemahlene Haselnüsse vermischen. Anschließend die Ölmischung aus dem Topf hinzugeben und gut verrühren. Die Schüssel ca. 15 Minuten in Tiefkühlfach stellen, damit die Masse etwas auskühlen kann.
3. Kleine Teile mit einem Teelöffel abtrennen aus der abgekühlten Kakaomasse und mit den Händen Bällchen formen. Zutaten für die Ummantelung auf einem Teller ausbreiten und die Bällchen darin wälzen.

Unser Tipp:
Die Schokotrüffel sollten im Kühlschrank gelagert werden.

Dattelsirup findet man beispielsweise im Reformhaus oder Bioladen. Eine billige Variante ist erhältlich in einem türkischen Supermarkt. Häufig gibt es dort jegliche Art von Dattelprodukten zu einem günstigen Preis. Der Dattelsirup kann auch ersetzt werden durch Agavendicksaft.

2.1.20 MANDEL-FEIGEN-TARTE

Nährwerte:

6 g Fett
12 g Eiweiß
17 g Kohlenhydrate
172 Energie

Zutaten für 12 Stücke

6 mittelgroße Eier
1 TL Backpulver
200 g Mandelmehl
3 mittelgroße Orangen, bio
6 EL Honig
1 TL Kokosöl
350 g Feigen

Zubereitung:

1. Backofen auf 160 °C vorheizen. In der Zwischenzeit in einer großen Schüssel Eier aufschlagen.
2. Mit dem Rührgerät auf höchster Stufe schaumig rühren, bis sie hell und luftig sind.
3. Das Backpulver und das Mandelmehl nach und nach unterheben.
4. Orange heiß abwaschen, Schale fein reiben. 4 EL Honig und Saft der Orange einarbeiten in die Eimischung.
5. Mit Kokosöl eine Tarteform einfetten und die Masse hineinfüllen.
6. Die Feigen waschen und je nach Größe vierteln oder achteln. Den größten Teil der Feigen (rund 250 Gramm) mit dem Fruchtfleisch nach oben auf dem

Boden kreisförmig verteilen. Dabei leicht in den Teig drücken.

7. 30 Minuten goldbraun backen.

8. Die restlichen Orangen in der Zeit waschen, Schale abreiben und den Saft auspressen. Den Saft, die Zesten und die 2 EL Honig bei mittlerer Hitze in eine Pfanne geben. So lange unterrühren erhitzen, bis ein dickflüssiger Sirup entsteht.

9. Die Tarte aus dem Ofen holen. Mit dem Honig-Orangen-Sirup beträufeln. Die Tarte in 12 Stücke schneiden und garnieren mit den restlichen Feigen.

Unser Tipp:
Wer es etwas fruchtiger mag, der kann Obst der Saison hinzufügen.

2.1.21
MAULWURFKUCHEN
(KALORIENARM)

Nährwerte pro Portion:
21g Eiweiß
30 g Kohlenhydrate
2 g Ballaststoffe
3 g Fett
232 Energie

Zutaten Boden für 8 Stücke:
130 g Dinkelvollkornmehl
50 g Proteinpulver (kann durch Kakao oder Mehl ersetzt werden)
10 g Backpulver
1 Tüte Schoko-Puddingpulver
20 g Kakao
3 Eiklar und 2 Eigelb
100 g Magerquark
180-230 ml Milch
Optional Süßung: Süßstoff/Xucker/Flave Drops

Zutaten Füllung:
3 Bananen (ca.300g)
600 g Magerquark
Süßung: Süßstoff/Xucker/Flave Drops

Zubereitung:
1. Eiklar mit der Prise Salz steif schlagen. Anschließend alle Zutaten des Bodens miteinander vermischen und unter den Eischnee unterheben.

2. In eine gefettete Springform (Durchmesser 16-20 cm) geben und bei 140 Grad Umluft + Unterhitze 22 Minuten backen. Die Backzeit variiert je nach Größe der Springform (bsp. 20cm).

3. Währenddessen die Hälfte der Bananen pürieren und mit dem Quark zu einer leckeren Masse vermengen. Optional kann hier mit Flave Drops oder anderen Süßungsmitteln gesüßt werden.

4. Nach dem Backen den Kuchen auskühlen lassen. Anschließend einen Kreis herausschneiden und das Innere mit einem Löffel heraus schaben. - Nicht zu tief, damit der Boden die Creme noch hält.

5. Den herausgenommenen Teig zerbröseln. Auf dem Kuchenboden die restliche, jetzt kleingeschnittene Banane verteilen.

6. Schließlich die Quarkmasse gleichmäßig verteilen und die zerbröselten Teigstücke darüber geben. Zum Schluss alles etwas festdrücken und den Kuchen noch etwas in den Kühlschrank stellen.

Unser Tipp:
Maulwurfkuchen kann auch statt mit Bananen hervorragend mit anderen Obstsorten zubereitet werden, diese sollten jedoch nicht stark wässrig sein.

3.1.1 SAFTIGER OSTER-RÜBLIKUCHEN VOM BLECH (ZUCKERFREI)

Nährwerte:
8 g Fett
0,5 g Gesättigte Fettsäuren
13 g Kohlenhydrate
0,4 g Zucker
3 g Eiweiß
27 mg Natrium
1 g Ballaststoffe
0,1 mg Kalium

Zutaten für 16 Personen:
150 g Karotten
2 Eier
90 g Xylit
30 g Bio Haselnussmus
1 EL Orangensaft, frisch gepresst
150 g Haselnüsse, geröstet und gemahlen
50 g Dinkelmehl
1 TL Backpulver
Kokosöl zum Einfetten der Backform

Für den Zuckerguss
50 g gemahlener Xylit oder Puderzucker
1 TL Milch

Zubereitung:

1. Den Backofen auf 180 Grad vorheizen. Die Karotten schälen und dann fein raspeln. Die Eier trennen, dann steif schlagen und verrühren mit dem Xylit.

2. Die Karotten, das Haselnussmuss und der frisch gepresste Orangensaft zu der Eigelb-Mischung dazugeben und anschließend verrühren. Anschließend die gemahlenen Haselnüsse, das Dinkelmehl sowie das Backpulver unterrühren. Den Eischnee zum Schluss unterheben.

3. Mit etwas Öl, beispielsweise Kokosöl eine Backform (ca. 25 x 25 cm) einfetten und dann den Rübli-Teig einfüllen.

4. Den Kuchen 20 Minuten backen lassen. Anschließend abkühlen und am besten danach über Nacht ziehen lassen im Kühlschrank.

5. Das gemahlene Xylit und die Milch für den Zuckerguss verrühren, bis ein dickflüssiger Guss entstanden ist. Wenn nötig noch etwas Milch oder Xylit dazugeben. Den Guss verteilen auf dem Kuchen.

Unser Tipp:
Dieser Kuchen lässt sich perfekt dekorieren und wird zu einer ansprechenden Augenweide.

3.1.2 ZUCCHINI-VANILLE-WAFFELN

Nährwerte
13,5g Kohlenhydrate
2,5g Fett
0,5g Ballaststoffe
115 kcal
4,5g Eiweiß

Zutaten für 10 Waffeln:
200g Dinkelmehl
2 Eier
2 mittlere Zucchini
1 Päckchen Backpulver
100 ml Milch
½ Teelöffel gemahlene Vanille
1 Prise Salz
3 pürierte Datteln

Zubereitung
1. Raspeln Sie die Zucchini und vermengen Sie diese mit der Milch, den Eiern und dem Dattelpüree.
2. Danach mischen Sie Mehl, Backpulver und Vanille.
3. Das Ganze vermengen Sie nun mit der Zucchinimasse und schmecken es mit Salz ab.
4. Den fertigen Teig können Sie nun im Waffeleisen backen.

Unser Tipp:
Dazu schmecken frische Früchte hervorragend.

3.1.3 ZUCCHINI-WAFFELN MAL ANDERS

Nährwerte:
13,5g Kohlenhydrate
3g Fett
0,5g Ballaststoffe
125 kcal
4,5g Eiweiß

Zutaten für 10 Waffeln:
200g Weizenmehl
2 Eier
2 mittlere Zucchini
1 Päckchen Backpulver
125g Joghurt 3,5 Prozent
1 halben Teelöffel gemahlene Vanille
1 Prise Salz
3 pürierte Datteln

Zubereitung:
1. Zunächst müssen Sie die Zucchini raspeln.
2. Dann verrühren Sie diese mit der Milch, den Eiern und dem Dattelpüree.
3. Danach mischen Sie Mehl, Backpulver und Vanille.
4. Das Ganze heben Sie nun unter die Zucchinimasse und schmecken es mit Salz ab.
5. Nun backen Sie den Teig im Waffeleisen.

Unser Tipp:
Die Waffeln können Sie am nächsten Tag noch sehr gut kalt genießen.

3.1.4 SÜßKARTOFFELN WAFFELN MIT KRÄUTERQUARK

Nährwerte:
17g Kohlenhydrate
4g Fett
122 kcal
3,9g Eiweiß

Zutaten für 8 Waffeln:
1 kg Süßkartoffeln
6 Eier
1 Bund Frühlingszwiebeln
140g Mehl
Ingwer, frisch gerieben
Curry, Salz und Pfeffer
Kräuterquark
250g Quark (40%)
1 Becher saure Sahne
frisch gehackter Schnittlauch und Petersilie
Salz und Pfeffer
1 kleine gehackte Zwiebel

Zubereitung:
1. Schälen und reiben Sie die Süßkartoffeln
2. Drücken Sie das überschüssige Wasser, das sich in den Kartoffeln gesammelt, hat aus der Masse.
3. Danach müssen Sie die Eier verquirlen und mit den restlichen Zutaten mixen.
4. Backen Sie den Teig im eingeölten Waffeleisen für ca. 6 Minuten

5. Die Zutaten für den Quark müssen Sie einfach nur miteinander verrühren.
6. Nun können Sie beides zusammen servieren.

Unser Tipp:
Reichen Sie dazu einen leckeren Feldsalat mit Joghurtdressing.

3.1.5 WAFFELN MIT KRÄUTERQUARK UND SÜßKARTOFFELN

Nährwerte:
17g Kohlenhydrate
4g Fett
122 kcal
3,9g Eiweiß

Zutaten für 16 Waffeln:
2 kg Süßkartoffeln
12 Eier
2 Bund Frühlingszwiebeln
280g Mehl
Frisch gehackte Bärlauchblätter
Getrocknete, in Öl eingelegte Tomaten, klein gehackt
Chili, Salz und Pfeffer
Kräuterquark
500g Quark (40%)
2 Becher saure Sahne
frisch gehackter Schnittlauch und Petersilie
Salz und Pfeffer
1 große gehackte Zwiebel

Zubereitung:
1. Zunächst müssen Sie die Süßkartoffeln schälen und reiben.
2. Danach drücken Sie das überschüssige Wasser aus der Masse.
3. Nun verquirlen Sie die Eier und vermischen diese mit den restlichen Zutaten.
4. Ölen Sie das Waffeleisen ein.

5. Geben Sie die Masse für ca. 6 Minuten ins Waffeleisen.

6. Verrühren Sie die Zutaten für den Quark.

Unser Tipp:
Laden Sie ein paar Freunde ein und überraschen Sie Ihre Gäste mit frischen Waffeln. Dazu trinken Sie ein leckeres Glas Bier.

3.1.6 HERZHAFTE FRÜHSTÜCKSBRÖTCHEN

Nährwerte:
71g Kohlenhydrate
29g Fett
260 kcal
21,9g Eiweiß
3,5g Ballaststoffe

Zutaten für 5 Brötchen:
110g Mehl
25g Vollkornmehl
½ Packung Backpulver
¼ Teelöffel Salz
¼ Teelöffel Kräutersalz
25g weiche Butter
50g Edamerkäse in Scheiben
1 ½ Teelöffel süßen Senf
50 ml Milch
25 ml Wasser

Zubereitung:
1. Als Erstes müssen Sie den Käse in ganz feine Würfel schneiden.
2. Danach nehmen Sie den Senf und lösen diesen in Milch und Wasser auf.
3. Das Ganze mischen Sie mit den restlichen Zutaten.
4. Jetzt die Masse zu einem Teig auf einer mit Mehl leicht bestrichenen Arbeitsfläche kneten und die Käse-ecken unterheben. Der Teig muss sich vom Rand der Arbeitsfläche lösen lassen.
5. Feuchten Sie Ihre Hände an und zerteilen Sie den Teig in 5 Portionen.

6. In die einzelnen Portionen schneiden mit einem Messer ein Kreuz.

7. Legen Sie die Brötchen auf ein Backblech mit Backpapier und backen Sie diese bei 220 Grad für 20 Minuten.

Unser Tipp
Die restlichen Brötchen können Sie in einer Plastikdose im Kühlschrank aufbewahren und am nächsten Tag wieder leicht toasten.

3.1.7
FRÜHSTÜCKSBRÖTCHEN EINFACH

Nährwerte:
74 g Kohlenhydrate
40 g Fett
420 kcal
21,9 g Eiweiß
3,5g Ballaststoffe

Zutaten für 6 Brötchen mit Kräuterquark:
300g Dinkelmehl
150g Vollkornmehl
2 Eier
2 Packungen Backpulver
75g weiche Butter
Kräutersalz
350g Kräuterquark

Zubereitung:
1. Schlagen Sie die Eier in einer Schüssel auf.
2. Dann geben Sie die Butter und den Kräuterquark dazu und vermischen alles miteinander.
3. Jetzt mixen Sie das Mehl und das Backpulver und fügen es der Masse hinzu.
4. Nun würzen Sie die Masse mit Kräutersalz und kneten sie zu einem Teig.
5. Danach können Sie daraus 6 Brötchen formen und auf ein Backblech mit Backpapier legen.
6. Die Brötchen können Sie nun 20 Minuten im vorgeheizten Backofen bei 200° bei Umluft backen.

Unser Tipp
Sollten Brötchen übrig bleiben, können Sie diese einfrieren und später wieder aufbacken.

3.1.8 MINI-EGG-MUFFINS

Nährwerte:
0,2g Kohlenhydrate
13g Fett
123 kcal
1,8 g Eiweiß

Zutaten für 2 Personen:
8 Scheiben Bacon
4 Eier
Salz und Pfeffer

Zubereitung:
1. Heizen Sie den Backofen auf 180 Grad vor
2. Fetten Sie vier Muffinformen hauchdünn mit Öl ein.
3. Schneiden Sie die Bacon-Scheiben in 16 Streifen.
4. Jeweils 4 Scheiben legen im Kreuz übereinander in jede Form.
5. In jede Form schlagen Sie ein Ei auf und würzen diese nach Bedarf mit Salz und Pfeffer.
6. Die Muffinformen stellen Sie für 10-12 Minuten in den Backofen

Unser Tipp:
Zu diesem leckeren Mini-Egg-Muffin können Sie Toastbrot und Butter reichen.

3.1.9 MUFFINS MAL ANDERS

Nährwerte:
0,2g Kohlenhydrate
13g Fett
123 kcal
1,8g Eiweiß

Zutaten für eine Portion:
4 Scheiben Bacon
2 Eier
Salz und Pfeffer
gehackter Schnittlauch

Zubereitung:
1. Schneiden Sie den Bacon in acht Streifen
2. Braten Sie den Bacon an und legen Sie die fertigen Scheiben auf Haushaltspapier damit das Fett aufgesaugt wird.
3. Würzen Sie die Eier mit Salz, Pfeffer und Schnittlauch
4. Garen Sie die Eier in einer kleinen Schüssel in der Mikrowelle 800 Watt ca 2 Minuten.

Unser Tipp:
Legen Sie die Eier und den Bacon zwischen zwei leicht gebutterte Brötchenhälften und genießen Sie den herzhaften Geschmack.

3.1.10 BROKKOLI-WAFFELN

Nährwerte:
28g Kohlenhydrate
8,5g Fett
180 kcal
8,5g Eiweiß
4g Ballaststoffe

Zutaten für 2 Personen:
150g Dinkelmehl
150g Mehl
100ml Wasser
100ml Sahne
20g Butter
4 Eier
½ Brokkoli
1 kleine Zwiebel
1 Packung Backpulver
Salz, Pfeffer, Muskatnuss

Zubereitung:
1. Lassen Sie den Brokkoli in Salzwasser für 1 Minute kochen.
2. Danach müssen Sie den Brokkoli und die Zwiebel in ganz feine Stückchen schneiden.
3. Jetzt mischen Sie das Mehl und das Backpulver
4. Dann verrühren Sie Milch, Eier und die Butter mit den Gewürzen.
5. Nun rühren Sie das Mehl-Backpulver Gemisch ein.
6. Anschließend heben Sie Brokkoli und Zwiebel unter.

7. Sie sollten das Waffeleisen vorheizen und leicht mit Fett bestreichen.
8. Zum Schluss backen Sie die Waffeln.

Unser Tipp:
Sie können die Waffeln auch kalt genießen oder Ihren Kindern als „Pausenbrot" mitgeben.

3.1.11 WAFFELN, EIN
WEIHNACHTSZAUBER

Nährwerte:
28g Kohlenhydrate
8,5g Fett
180 kcal
8,5g Eiweiß
4g Ballaststoffe

Zutaten für 2 Personen:
150g Dinkelmehl
100g Mehl
50g gemahlenen Mandeln
200ml Milch
20g Butter
4 Eier
½ Brokkoli
1 kleine Zwiebel
1 Packung Backpulver
Salz, Pfeffer, Muskatnuss

Zubereitung:
1. Garen Sie den Brokkoli in Salzwasser bissfest.
2. Schneiden Sie den Brokkoli und die Zwiebel in kleine, feine Würfel.
3. Vermischen Sie Eier, Milch und Butter und geben Sie die Gewürze dazu.
4. Verrühren Sie Mehl, Mandeln und Backpulver und fügen Sie alles zu einer Masse zusammen.
5. Jetzt können Sie die kleinen Zwiebelstückchen und den Brokkoli darunterheben.
6. Zum Schluss können Sie Waffeln in dem vorgeheizten und eingefetteten Waffeleisen fertigstellen.

Unser Tipp:
Reichen Sie einen Kräuterdip zu den Waffeln.

3.1.12 HÜTTENKÄSE-PANCAKES

Nährwerte:
17g Kohlenhydrate
4,4g Fett
145 kcal
7,7g Eiweiß
1,8g Ballaststoffe

Zutaten für 6 Personen:
120g Haferflocken
1 große Banane
300g Hüttenkäse
1 Päckchen Backpulver
½ Teelöffel Zimt
3 Eier
1 Teelöffel gemahlene Vanille
50ml Milch
2 pürierte Datteln

Zubereitung
1. Geben Sie alle Zutaten in eine Schlüssel und verrühren Sie diese mit einem Mixer zu einem flüssigen Brei.
2. Jetzt können Sie den Brei in einer gefetteten Pfanne von jeder Seite goldbraun zu einem Pancake backen.
3. Sie benötigen ungefähr einen Esslöffel Teig für einen Pancake
4. Wenn sich auf der Oberfläche kleine Blasen bilden, muss der Pancake gewendet werden.

Unser Tipp:
Die Pancakes schmecken sehr lecker mit frischen Früchten.

3.1.13 PANCAKES MIT DATTELN

Nährwerte:
18g Kohlenhydrate
7,5g Fett
180 kcal
9,3g Eiweiß
2,3g Ballaststoffe

Zutaten für 6 Personen:
90g Haferflocken
30g gemahlene Mandeln
1 große Banane
300g Hüttenkäse
1 Päckchen Backpulver
½ Teelöffel Zimt
3 Eier
1 Teelöffel gemahlene Vanille
50ml Milch
2 pürierte Datteln

Zubereitung.
1. Verrühren Sie alle Zutaten mit einem Mixer, nachdem Sie diese in eine Schüssel gefüllt haben.
2. Geben Sie ca. einen Esslöffel Teig in die gefettete Pfanne und backen Sie den Pancake von jeder Seite goldbraun
3. Wenden Sie den Pancake, wenn sich auf der Oberfläche Blasen bilden.

Unser Tipp: Die Pancakes schmecken besonders lecker mit Honig und Sahne.

3.1.14 FEIGEN WEIHNACHTSKUGELN

Nährwerte:
2 g Proteine
5 g Kohlenhydrate
6 g Fette
2 g Ballaststoffe
88 Energie

Zutaten für 12 Portionen:
2 EL Mandelmus
8 Feigen
4 EL Kokosraspeln
6 EL gemahlene Mandeln

Zubereitung:
1. Die Feigen zuerst waschen und zerkleinern und danach mit ein wenig Wasser in den Mixer geben.
2. Die Feigenmasse dann in eine Schüssel geben und mit den gemahlenen Mandeln sowie dem Mandelmus vermischen. Es muss eine formbare Masse entstehen.
3. Aus der Masse müssen nun kleine Kugeln gefertigt werden und diese in den Kokosraspeln gewälzt werden, sodass die Kugeln paniert sind.

Unser Tipp:
Die Kugeln haben eine Ähnlichkeit mit Schneebällen, sind zudem lecker und gesund. Gerade in der Weihnachtszeit ein sehr beliebter Snack.

3.1.15 ISCHLER TÖRTCHEN

Nährwerte:
1,49 g Kohlenhydrate
0,79 g Ballaststoffe
10 g Fette
2,49 g Eiweiß
115 Energie

Zutaten für 40 Stück:
Marmelade
80 g TK Erdbeeren
10 g Xylit
1 EL Rum
1 Prise Xanthan

Teig:
100 g gemahlene Mandeln
100 g Mandelmehl
150 g Butter
10 g Leinmehl
30 g gemahlenes Xylit
30 g gemahlenes Erythrit
1 EL Zitronensaft

Creme:
160 g Butter
70 g zuckerfreie Schokolade mit mindestens 80 % Kakao
1 TL Rum
1 EL Erythrit
1 EL Xylit

Überzug:
300 g zuckerfreie Schokolade (80 % Kakao)
Mandelplättchen, alternativ auch Mandelhälften

Zubereitung:

Marmelade:
1. Die Erdbeeren auftauen und abtropfen lassen.
2. Die Erdbeeren mit Xucker und Rum in einen Topf geben und ein paar Minuten kochen lassen.
3. Im Anschluss alles pürieren und das Xanthan einrühren. Danach abkühlen lassen.

Teig:
1. Alle Zutaten in eine Schüssel geben und mit dem Handrührgerät vermischen, bis sich eine glatte Masse ergibt. Zum Schluss den Teig mit den Händen zu einem glatten Teig kneten.
2. Anschließend den Teig in eine Frischhaltefolie wickeln und 60 Minuten in den Kühlschrank legen.
3. Den Backofen auf Ober- Unterhitze auf 170 °C vorheizen lassen.
4. Nun den Teig zwischen zwei Blatt Backpapier auf etwa 3 mm ausrollen und die Plätzchen einheitlich ausstechen. Es sollten etwa 80 Stücke werden.
5. Nun die ausgestochenen Kekse im Backofen etwa 8 Minuten goldbraun backen.
6. Möchten Sie nun die Plätzchen mit Marmelade zusammenkleben, so muss dies im heißen Zustand passieren. Möchten Sie jedoch die Creme hierfür verwenden, so müssen die Plätzchen vorab abkühlen.

Creme:
1. 70 g Schokolade schmelzen

2. Etwa 160 g Butter mit dem Erythrit und Xylit schaumig schlagen.

3. Nun die flüssige Schokolade vorsichtig und langsam hinzugießen und alle Zutaten zu einer Creme verrühren. Hierbei müssen Sie besonders ordentlich vorgehen, damit keine Klümpchen entstehen.

Zusammenbauen der Plätzchen

1. Jedes Plätzchen mit ½ TL Marmelade bestreichen und etwa 1 TL Creme hinzugeben.

2. Das zweite Plätzchen auf die Creme drücken, aber vorsichtig, dass keine Creme an der Seite herausläuft.

3. Als Nächstes müssen Sie etwa 300 g Schokolade zum Schmelzen bringen und die Plätzchen mit dieser übergießen. Es dürfen keine nackten Stellen mehr vorhanden sein.

4. Am Ende die Plätzchen mit ein paar Mandelblättern dekorieren und genießen.

Unser Tipp:

Man kann auch anstatt der Mandelblätter Pistazien verwenden, was ebenfalls sehr lecker schmeckt.

3.1.16 HEFEZOPF

Nährwerte:
381 g Kohlenhydrate
15 g Eiweiß
57 g Fette
2159 Energie

Zutaten für 4 Personen:
200 ml Milch
500 g Mehl
Rosinen
100 g zuckerfreies Apfelmus
2 Prisen Zimt
20 g frische Hefe
2 Prisen Salz

Zubereitung:
1. Geben Sie alle Zutaten, bis auf die Rosinen, in eine Schüssel und kneten Sie diese, bis ein glatter Teig entsteht.
2. Decken Sie den Teig ab mit einem Küchentuch und lassen Sie diesen etwa 3 Stunden an einem warmen Ort ruhen. Das Volumen des Teigs muss sich sichtlich vermehren.
3. Nun müssen Sie den Teig erneut durchkneten und die Rosinen hinzugeben. Teilen Sie den Teig in 3 gleich große Portionen. Diese Portionen müssen Sie nun in Rollen formen, welche etwa 40 cm lang sind.
4. Legen Sie ein Backblech mit Backpapier aus und geben Sie die drei Rollen darauf. Als nächstes flechten Sie aus diesen Rollen einen Zopf.

5. Den Hefezopf müssen Sie nun erneut etwa 30 Minuten gehen lassen. Sie werden bemerken, dass sich das Volumen erneut deutlich vergrößert.

6. Bestreichen Sie diesen nun mit der Milch geben ihn bei 165 °C Umluft für etwa 35 Minuten in den Backofen.

Unser Tipp:
Der Hefezopf schmeckt warm sehr lecker und wenn Sie diesen mit Butter bestreichen, ist er eine wahre Gaumenfreude.

3.1.17 SCHNELLER RÜHRKUCHEN

Nährwerte
47 g Eiweiß
157 g Fette
145 Kohlenhydrate
2259 Energie

Zutaten für 6 Personen
½ Päckchen Backpulver
8 Eier
200 g Mehl
80 g Stevia
100 g Rapsöl

Zubereitung
1. Vorab müssen Sie die Eier trennen
2. Geben Sie Stevia und das Eigelb in eine Rührschüssel und stellen sie diese zur Seite.
3. Das Eiweiß nun in einer weiteren Schüssel zu Eischnee verrühren.
4. Geben Sie nun nach und nach das Rapsöl, das Backpulver und das Mehl dem Eischnee hinzu. Zum Schluss noch die Eigelbmasse.
5. Nun alles noch einmal ordentlich verrühren und in eine Backform geben.
6. Lassen Sie den Rührkuchen etwa 50 Minuten bei 170 °C backen.

Unser Tipp:
Der Rührkuchen schmeckt besonders lecker mit ein paar Erdbeeren oder anderen Früchten der Saison.

3.1.18 ZITRONEN-BLAUBEER-TASSENKUCHEN

Nährwerte:
7,2 g Eiweiß
20,9 g Fette
259 Energie

Zutaten für 4 Personen:
4 EL Birkenzucker
1 Prise Salz
80 g Dinkelmehl
1 TL Dinkelmehl
4 EL Blaubeeren
1 TL Zitronensaft
2 EL Ahornsirup
2 TL Backpulver
1 Bio-Zitrone
4 Eier

Zubereitung:
1. Den Birkenzucker, die Bio-Zitrone, das Mehl, sowie Salz und Backpulver in eine Rührschüssel geben.
2. Das Ahornsirup, den Zitronensaft und die Eier nach und nach mit in die Schüssel geben, unter ständigem Rühren.
3. Nun vermischen Sie die Blaubeeren mit 1 TL Mehl und geben diese langsam und vorsichtig unter den Teig.
4. Verteilen Sie den fertigen Teig auf 4 Tassen gleichmäßig. Nun können Sie die Tassen in die Mikrowelle stellen und etwa 1,5 Stunden backen lassen.

Unser Tipp:
Super geeignet und schnell zubereitet, wenn man über-
raschend Gäste bekommt oder einfach, wenn man mit
der Familie eine Auszeit genießen möchte.

3.1.19 KÄSEKUCHEN OHNE BODEN

Nährwerte:
171 Eiweiß
127,8 Fette
108,8 Kohlenhydrate
2336 Energie

Zutaten für 8 Personen:
Honig
1000 g Magerquark
1 Bio-Zitrone
125 g weiche Butter
½ Päckchen Backpulver
50 g Weizengrieß
1 Päckchen Puddingpulver Vanille
5 Eier

Zubereitung:
1. Als Erstes die Eier trennen und das Eiweiß in einer Rührschüssel zu Eischnee schlagen.
2. Nun die Zitrone auspressen und den Zitronensaft in einer weiteren Schüssel auffangen.
3. Sie müssen nun den Quark, den Zitronensaft, das Eigelb, sowie die weiche Butter und einen ½ TL der Zitronenschale in einer weiteren Rührschüssel cremig schlagen.
4. Nun geben Sie den Grieß, das Puddingpulver und das Backpulver zu der Quarkcreme hinzu. Alles muss zu einem glatten Teig verrührt werden.
5. Als Nächstes müssen Sie den Teig mit Honig abschmecken. Hierbei ist wichtig, dass dieser nicht zu

süß wird. Er ist genau richtig, wenn er eine leicht süß-säuerliche Note hat.

6. Nun muss der Eischnee unter den Teig gehoben werden.

7. Der Teig muss nun in eine Springform gegeben werden. Haben Sie dies gemacht, ist wichtig, dass Sie den Teig in dieser glatt streichen.

8. Der Teig wird nun bei 180 °C Ober- und Unterhitze etwa 80 Minuten im Backofen gebacken. Achten Sie darauf, dass Sie keine Umluft verwenden.

9. Nach der Backzeit schalten Sie den Backofen aus und öffnen die Backofentür nur einen Spaltbreit. Der Kuchen muss im Backofen langsam abkühlen. Machen Sie dies nicht, so kann es passieren, dass der Kuchen zusammenfällt oder sogar reißen kann.

Unser Tipp
Dieser Kuchen ist gerade in der Winterzeit besonders beliebt und mit Früchten oder mit ein bisschen Zimt schmeckt er sehr lecker.

4 Schlusswort

Vielen Dank, dass Sie unser E-Book gelesen haben. Wir hoffen, dass Sie neue Erkenntnisse über eine zuckerfreie Ernährung mitnehmen konnten. Eine zuckerfreie Ernährung ist wichtig für den gesundheitlichen Zustand eines jeden Menschen. Mit zuckerfreien Rezepten wie unseren können Sie Kekse zuckerfrei backen, sowie gesund backen. Zuckerfreie Leckereien gibt es massenhaften und daher hoffen wir, dass unsere Rezepte auch für Sie eine Gaumenfreude sind. Kuchen ohne Zucker kann richtig lecker sein. Wir haben uns die größte Mühe gegeben, dass wir wirklich jeden Geschmack treffen oder zumindest für jeden unserer Leser Rezepte vorhanden sind, die mit Freude umgesetzt werden.

Wir haben viele zuckerfreie Rezepte recherchieren können, die uns unbekannt gewesen sind. Nachdem wir diese umgesetzt hatten, waren wir positiv überrascht, wie lecker man backen kann und das zuckerfrei. Ein weiterer Grund für unsere positive Einstellung bezüglich des zuckerfreien Backens war gewesen, dass alle Rezepte leicht umsetzbar sind. Die Zutaten ließen sich oftmals größere Umstände erwerben. Besonderen Wert haben wir auf die Nährwerte gelegt, denn jeder Körper benötigt Energie, damit dieser funktionieren kann. Durch unsere Rezepte ist reichlich Energie vorhanden und man ernährt sich gesund.

Selbstverständlich war uns bei der Erstellung der zuckerfreien Rezepte auch wichtig, dass wir ein paar vegane Rezepte aufführen, damit auch Sie als Veganer voll und ganz auf Ihre Kosten kommen. Alle Rezepte sind einfach nachzubacken, auch wenn man keine Erfahrung in diesem Bereich hat. Zuckerfreies Backen liegt uns am Herzen und wir möchten unsere Leidenschaft mit Ihnen teilen. Zuckerfreie Leckereien, die uns direkt ins Auge gefallen sind, haben wir für Sie aufgelistet und alles vermerkt, was für zuckerfreie Rezepte wichtig ist.

Herstellung und Verlag:

BoD – Books on Demand, Norderstedt

ISBN: 9783756230648

1. Auflage

Kontakt: Psiana eCom UG/ Berumer Str. 44/ 26844 Jemgum

Covergestaltung: Fenna Larsson

Coverfoto: depositphotos.com